GUSTAVE NOËL

PEINTURES
Sur Faïence

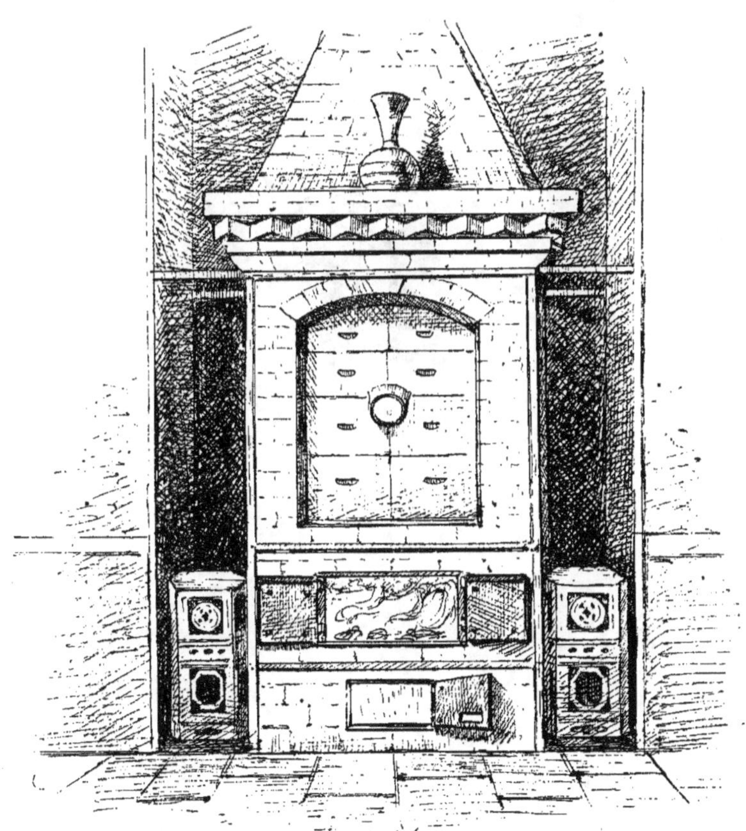

Le présent Catalogue servira de
CARTE D'ENTRÉE
A L'EXPOSITION PARTICULIÈRE

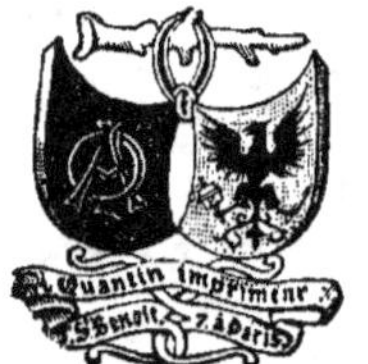
A. Quantin imprimeur
S' Benoît. — 7. à Paris.

CATALOGUE

DES

PEINTURES

Faïence

PAR

GUSTAVE NOEL

DONT LA VENTE PUBLIQUE AURA LIEU

HOTEL DROUOT, SALLE N° 5

Le Jeudi 31 Mars 1881, à trois heures précises

Mᵉ LÉON TUAL, SUCCESSEUR DE Mᵉ BOUSSATON

COMMISSAIRE-PRISEUR, 39, RUE DE LA VICTOIRE

ASSISTÉ DE Mᵉ G. MEUSNIER (PEINTRE-EXPERT)

27, RUE NEUVE-SAINT-AUGUSTIN

EXPOSITIONS

PARTICULIERE	PUBLIQUE
Le Mercredi 30 Mars 1881	Le jour de la Vente
DE 1 HEURE A 5 HEURES	DE 1 HEURE A 3 HEURES

CONDITIONS DE LA VENTE

Elle sera faite au comptant.

Les acquéreurs payeront 5 pour 100 en sus des adjudi-
cations, applicables aux frais.

GUSTAVE NOËL

ET SON ŒUVRE

Il y a trois ans, M. J. Claye, l'éminent imprimeur, l'homme de savoir et de goût dont l'éloge est dans tous les esprits, écrivait à Gustave Noël une remarquable lettre de laquelle j'ai principalement retenu ceci :

« Quelqu'un a dit cette parole :

« Un homme ne doit pas mourir sans avoir planté « un arbre. »

« Félicitez-vous, mon cher Noël, vous avez planté le vôtre et il est de ceux qui doivent infailliblement porter de bons fruits. »

Nous ajouterons, nous :

L'arbre a grandi; ses rameaux sont vigoureux, ses fruits sont beaux et l'heure a sonné, croyons-nous, où le public qui fait les renommées en va proclamer l'excellence.

Et, en effet, paraissent-ils assez loin de nous les temps où les souteneurs essoufflés d'une esthétique routinière et creuse prenaient des airs de pudeur étonnée quand on leur parlait de la peinture sur faïence!

C'étaient alors des mines singulières, des moues de dédain. On n'allait pas jusqu'au sarcasme, mais peu s'en fallait et l'on prononçait les mots d'art ouvrier.

Longtemps auparavant, les mêmes défenseurs de l'art empoté, les mêmes immobilistes, qu'on me passe le mot, avaient, dans une indignation aussi généreuse, poussé le même *retro* contre l'aquarelle, la fine et délicate aquarelle, devant laquelle, en courtisans à plat ventre du succès, ils n'ont aujourd'hui ni assez de génuflexions ni assez d'enthousiasmes.

« L'aquarelle, disaient-ils, genre inférieur! Quoi! on ose peindre avec de l'eau... Folie!! L'huile, messieurs, l'huile seule est depuis longtemps en possession du rang suprême. Hors de l'huile, par conséquent, pas de salut. Ne pas peindre à l'huile, c'est ne pas peindre. Anathèmes sur l'aquarelle. C'est une hérétique, une rien du tout. »

Et tout rapin qui brossait à grandes brassées un vaste plat de légumes, — épinards et oseille mêlés, — était considéré comme bien supérieur à ces prétentieux amants d'un prétendu demi-art qui n'employait pas, pour faire des chefs-d'œuvre, les produits de la Provence.

Il en a été de même pour la peinture sur faïence. Des gens qui ne se doutent pas de la différence existant entre un arbre à midi et le même arbre à cinq heures du soir, eunuques de la critique et de la peinture, n'avaient pas assez de quolibets contre cette manifestation de l'art.

Les bons apôtres!

Nous les verrons avant peu se prosterner devant une plaque de Noël comme ils s'agenouillent aujourd'hui dévotement devant les aquarelles et déclarer peut-être, — on peut s'attendre à tout de leur part, — qu'ils ont prédit un succès dont ils réclament l'honneur.

Laissons faire et laissons dire.

Pour nous qui [entourons d'une égale admiration toutes les branches de l'art, il nous importe peu qu'on se serve, pour peindre, d'huile, d'eau, de gouache, de sépia ou des procédés chimiques exigés par la faïence.

Ce que nous voulons, ce que nous exigeons d'un artiste, c'est qu'il ait du talent et qu'il le prouve.

De quel droit cantonner l'art dans des limites étroites et ridicules? Que l'on fasse beau, et nous ne nous inquiéterons pas d'autre chose et nous ne serons pas assez sots pour analyser notre plaisir et voir s'il n'y manque pas un élément oléagineux.

Quand je ressens une impression exquise, viendra-t-on me prouver que j'ai tort de l'éprouver, parce que la matière dont on fait un tableau doit constituer sa valeur? aurait-on la prétention de me faire croire qu'on ne saurait être un artiste, un très grand artiste sans clouer une toile préparée d'une certaine façon sur un châssis de dimension convenue, et sans la couvrir de couleurs variées, mais à l'huile?

Non. Ce n'est pas sérieux.

Et fort heureusement, comme nous le disions tout à l'heure, les temps sont déjà loin où l'on proclamait de pareilles sottises. Les phrases stupides et toutes faites ne sont plus de saison, et tout critique assez peu courageux pour ne pas être de notre avis manque d'un sens, quand ce n'est pas de sincérité.

Gustave Noël, qui a consacré sa vie à cet art difficile de la peinture sur faïence, a eu, on le devine, ses déboires et ses luttes. S'il n'avait pas été poussé par une conviction profonde, peut-être se serait-il laissé décourager. Il a pu avoir autrefois ses jours de tristesse, mais jamais il n'a ralenti son effort et le succès éclatant est venu. L'arbre planté donne aujourd'hui sa récolte.

Le rêve de Gustave Noël était de faire sur faïence du paysage, du bon et du beau paysage. Et ce but, il l'a atteint à ce point que nous avons vu dans son œuvre des plaques qu'il fallait toucher du dos de la main pour s'assurer que ce n'était pas de la peinture sur toile.

Dans ces conditions, que demander de plus à un artiste? Lui en voudrez-vous de produire une œuvre d'art fixée de telle sorte que le temps n'a plus de prise sur elle?

Les œuvres nouvelles de Gustave Noël sont, du reste, plus fines, plus exquises encore que leurs devancières. Son talent, devenu plus souple, si c'est possible, s'est enrichi d'une couleur plus puissante. Regardez ses tableaux. L'art du paysagiste ne peut aller plus loin. Qu'il représente la campagne avec ses horizons et ses grands arbres, ou les villes avec leur architecture, ou les grands châteaux, ou encore les paysages de la mer, il met à chacun de ses ouvrages un talent de composition, d'harmonie et de goût qui charme, enchante et séduit.

Les amateurs éclairés ont eu depuis longtemps l'esprit d'estimer ce talent à sa valeur. Ils lui savent gré surtout d'avoir tracé un sillon, d'avoir ouvert une voie par où passeront assurément bien d'autres artistes, quand l'heure aura sonné.

Trop modeste, peut-être, Gustave Noël prétend en effet être un précurseur. Il pense que de puissants coloristes viendront qui achèveront son œuvre.

« N'est-ce pas beaucoup, dit-il, d'avoir préparé le triomphe de la faïence de grand feu dans l'avenir? n'est-ce pas un bon bout de chemin parcouru que d'avoir mis de côté la pure fantaisie, cet ancien domaine exclusif de la faïence, et de pouvoir donner de vrais tableaux qui ne s'altèrent plus, grâce à la chimie? »

Et il a raison de parler ainsi.

Nous le répétons d'ailleurs, le moment est venu où

l'obstination de l'artiste va trouver sa récompense. Il est peu de véritables amateurs qui ne soient aujourd'hui édifiés sur son talent et sur la faïence. Nous ne serions même qu'à moitié surpris, si les plus éclairés d'entre eux s'occupaient de consacrer exclusivement un musée à cet art si charmant, si décoratif qui a fait de si extraordinaires progrès depuis vingt ans.

Camille DEBANS.

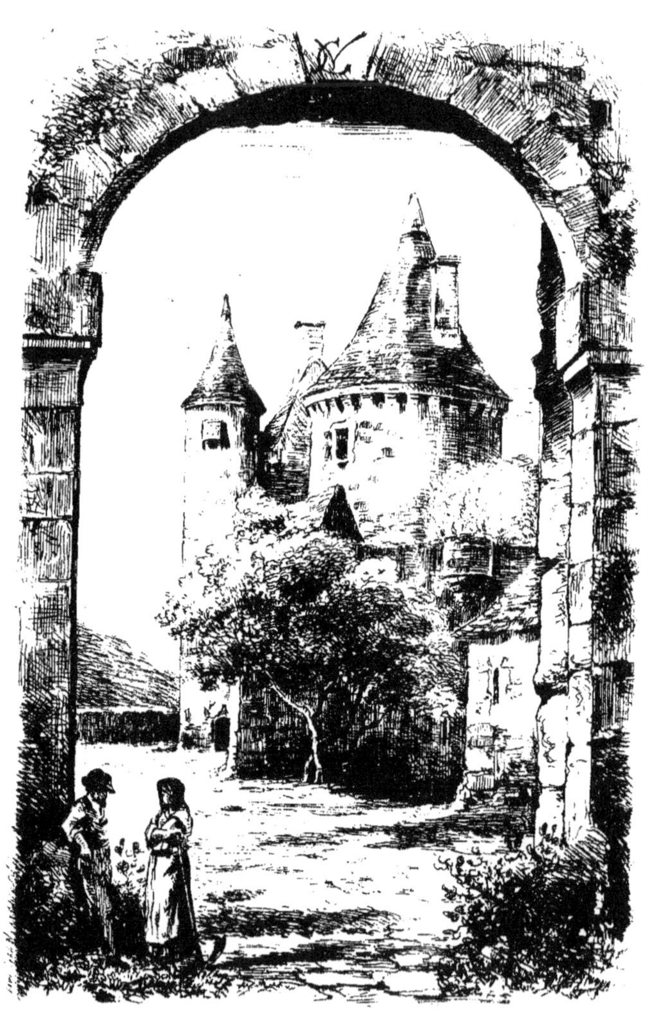

DÉSIGNATION

---

1. — Le Drochon, près Houlgate.

Exposé au Musée des arts décoratifs.

2. — Mont-Saint-Michel.

Salon de 1880.

3. — Porte des Michelettes (Mont-Saint-Michel).

4. — Château du Groutet, près Connives (Indre).

5. — San Trovazz (Venise).

6. — Canalazzo, Grand Canal (Venise).

7. — Saint-Barnabé (Venise).

Salon de 1880.

8. — Piazetta (Venise).

9. — La Dogana (Venise).

10. — Près la Guidecca (Venise).

11. — San Giorgio Maggiore (Venise).

12. — Gondole près des jardins publics (Venise).

13. — Cours de la Benaize, à Cromac (Haute-Vienne).

14. — Vallée de Cromac et château de Las-Croux (Haute-Vienne).

15. — Port à Truscat (Mer du Morbihan).

16. — Dinan (Côtes-du-Nord).

17. — Hospice de la Grande-Chartreuse de Grenoble.

18. — Le Guiers-mort, montée de la Grande-Chartreuse.

19. — Moulin du Pic de l'Œillette (Grande-Chartreuse).

Salon de 1880.

20. — Entrée du désert à Fourvoirie (Grande-Char-treuse).

21. — La Grande Rue de Dives, près Cabourg.

22. — Une Cour à Dives, près Cabourg.

23. — Environs de Pourville, près Dieppe.

Salon de 1880.

24. — Porte d'une tour du château du Groutet (Indre).

25. — Granville-sur-Mer.

26. — Plage de Port-en-Bessin (Calvados).

27. — Courseulles-sur-Mer (Calvados).

28. — Poste de douanier (Calvados).

29. — Demeure du duc de Chauvigny (Argenton).

30. — Cayeux-sur-Mer, près la pointe du Hourdel.

31. — Fougères (Ille-et-Vilaine).

32. — Fontaine Saint-Gildas (Morbihan).

33. — Environs de Sarzeau (Morbihan).

34. — Chalet sur le Righi (Suisse).

35. — Saint-Maclou (Rouen).

36. — Bords de la Creuse à Connives.

37. — Royan, près Bordeaux.

38. — Château de Chenonceaux.

39. — Maison Denys-Papin (Blois).

40. — Effet de neige (Flandre).

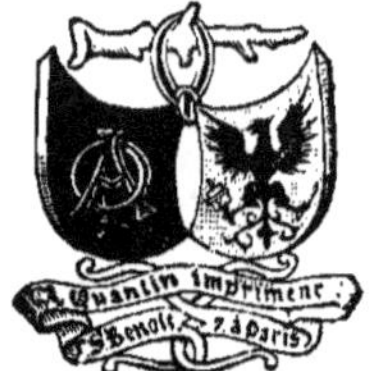

www.ingramcontent.com/pod-product-compliance
Lightning Source LLC
LaVergne TN
LVHW011008180726
843502LV00007B/2401